AVERTISSEMNT

POUR MESSIRE MARC-ANTOINE PAZERI,
Prieur de Sainte Marie de Lauris & ses Annexes, Deffendeur en Requeftes Principalle & incidantes.

CONTRE.

Meffire Gilles de Gaillard, Prêtre de l'Oratoire de cette même Ville, Deffendeur.

E Sieur Abbé de Gaillard commence fon Avertiffement par dire que le fait du procés n'a pas befoin d'autre inftruction que celle que le Public en a déja; il croit donc que ce Public eft tout prevenu en fa faveur, fa confiance eft tres-mal fondée; il y a long-tems que le monde ne fe paye plus de dehors, il juge des hommes par leurs actions, il fe mocque d'un devolutaire qui ne parle que de bonne Moralle, qui fe pique d'en faire des leçons; fi le fieur de Gaillard avoit profité de celles qu'on donne dans la Congregation où il eft, il auroit apris que *la maxime la plus univerfelle & la plus inconteftable a toûjours efté qu'il ne falloit entrer dans les Charges & dans les Fonctions du Sacerdoce de* JESUS-CHRIST, *que par une vocation celefte, & qu'on ne pouvoit s'y ingerer que par une prefomption temeraire & audacieufe;* c'eft ce que le fçavant Auteur de la difcipline de l'Eglife aplique aux devolutaires de noftre temps, ajoûtant que *la paffion qu'ils témoignent quelquefois avoir, non pas de délivrer l'Eglife d'un mauvais Miniftre, mais de fatisfaire leur avarice & leur ambition en occupant le même Miniftere, ne peut eftre excufée:* c'eft là le vray caractere du fieur Partie Adverfe, il affeure avec une temerité prodigieufe les

A

fauſſetez les plus criantes & les plus litteralement détruites. Il répand ſa malignité ſur tout ce qu'il touche, & aprés avoir dechiré d'honeſtes gens de la maniere du monde la plus indigne, il croit en eſtre quitte avec le paſſage d'un Poëte Grec ; ce n'eſt pas là où il devoit chercher les regles de ſa conduite ; mais dans les livres de celuy qui a dit, que les calomniateurs & les mediſans ne poſſederont pas le Ciel.

Le Prieuré de Lauris fut reſigné par le ſieur de Boyer dernier & paiſible poſſeſſeur entre les mains de Monſieur le Vicelegat qui en pourveut le Deffendeur, le ſieur de Gaillard parent du ſieur de Boyer l'a impetré par devolut pour cauſe de Simonie qu'il pretend avoir eſté commiſe, non par le pourveu du Benefice, mais par Pazeri Pere, ſans que le fils ait ſçû cette pretenduë convention Simoniaque.

Il y eut oppoſition au nom du ſieur Deffendeur, lorſque le ſieur Abbé de Gaillard vint ſe mettre en poſſeſſion du Benefice, & par Exploit du 28. Janvier 1694. Meſſire Pazeri fut aſſigné au Sénéchal de cette Ville pour ſe voir debouter de cette oppoſition avec dépens.

Aprés avoir bien examiné les preuves de cette pretenduë Simonie, le ſieur de Gaillard reconnut qu'il n'avoit pas d'autre reſſource, que celle qui luy reſtoit dans la verification par témoins ; pour cela au mois de Septembre de la même année 1694. il coarcta divers faits ; & entre-autres que dans le mois de Juillet de l'année precedante, Pazeri pere avoit fait divers voyages à Avignon pour preſſer le ſieur Abbé de Boyer de donner ſa reſignation en faveur de ſon fils, à quoy celuy-cy auroit conſenti, moyennant la ſomme de deniers concertée entre-eux, aprés quoy ledit ſieur de Gaillard conclud qu'avant dire droit à ſon devolut, il ſeroit reçû à verifier par toute ſorte & maniere de preuve les faits expliquez dans ſa Requeſte.

La cauſe fut Plaidée en cet eſtat ; il y eût Ordonnance renduë en Iugement le 28. Février 1695. portant que les pieces & dire des Parties ſeroient remis pour y eſtre fait droit, ainſi qu'il apartient ; eſtant à obſerver que lors de la Playdoirie le ſieur de Gaillard n'oſa pas s'engager à prouver la convention Simoniaque & le Traité precedent : mais il inſiſta à la verification de tous les autres faits ; le principal deſquels eſt qu'avant la reſignation, le ſieur Abbé de Boyer avoit pareu pauvre & ſans argent, & qu'aprés il montra quantité de Loüir d'Or.

Meſſire Pazeri ſe rendit Apellant de cette Ordonnance de pieces miſes, la cauſe portée par Evocation au Parlement de Grenoble, le ſieur de Gaillard ne vouleut Playder, ni ſur la maintenuë ni ſur l'admition à la preuve ; il dit maintenant dans ſon Factum qu'il le fit par mauvais conſeil, & que s'il avoit consenti à l'Evocation, il auroit esté deffinitivement maintenu ; il n'y eut jamais d'illusion plus grossiere, la reserve que le sieur de Gaillard eût de ne point playder au fonds, prouve invincible-blement combien il se defioit de sa cause : veut-il qu'on croye qu'il n'a pas esté d'humeur de la gagner, cela seroit absurde; aussi il se tint à de simples generalitez, Sçavoir que l'affaire estant importante, l'Ordonnance dont estoit apel avoit peu estre renduë, sur cela il y eut Arrest de confirmation & de renvoy.

L'affaire instruite en ce Tribunal, le sieur Pazeri communiqua de premieres Ecritures le 29. Aoust 1696. dans lesquelles il establit clairement ces deux propositions, la premiere que la preuve demandée par le sieur de Gaillard n'estoit pas recevable. Et la seconde, que les faits qu'il alleguoit, quoyque faux & calomnieux, détachez dela convention precedante, à la preuve de laquelle le sieur de Gaillard avoit declaré à l'Audiance de ne vouloir point insister, estoient illusoires, équivoques, & n'induisoient point de Simonie ; & en même temps Messire Pazeri establit que c'estoit dans cette convention precedante que consistoit l'essence de la Simonie.

Le sieur de Gaillard ne pouvant éluder les deffenses de Messire Pazeri, prit un autre tour ; il fit semblant de n'avoir plus besoin de la preuve par témoins, il pretendit que dans le procés il y avoit assez de preuves pour establir la Simonie, & neanmoins il conclud subcidiairement à l'admission de la preuve vocalle, c'est là son but, tout le reste n'est que detour & voyes obliques pour y parvenir.

Comme il demantoit par là sa propre Requeste, il crût qu'il falloit fortifier ses nouvelles fins, & pour cela s'estant imaginé d'avoir trouvé une preuve litteralle de confidance touchant le Prieuré de Ponteuil entre Messire Laurenci & le Deffendeur; il a donné une seconde Requeste incidente le 7. Novembre 1696. par laquelle il conclud à la maintenuë definitive du Prieuré de Lauris, & quoyque le sieur Deffendeur n'eût communiqué aucune réponse aux contredits du sieur de Gaillard, mais simplement quelques pieces qui faisoient voir la fausseté des faits par luy avancez, neanmoins le sieur de Gaillard pour fortifier ses nouvelles fins a fait dresser un long Avertissement remply de tant de suppositions & de faux faits, qu'il y a lieu de s'étonner qu'un homme de ce Caractere ait si peu ménagé l'honneur de sa Congregation & sa propre reputation.

Pour le faire voir avec évidence, on suivra le sieur de Gaillard dans tout ce qu'il dit, & dans le même ordre qu'il l'a dit, il avance en la pag. 2. que Pazeri pere se mit à la teste des Creanciers du sieur Abbé de Boyer, qu'il se fit nommer leur Syndic, qu'en cette qualité, pour luy oster le moyen de subsister,

il luy fit contefter fa portion Canonique par Me. Roux Procureur & Curateur pourveu.

On avoit averti le fieur de Gaillard que ces faits n'eftoient
point veritables ; on l'avoit prié de reflechir fur les pieces du
procés, mais tout cela a efté inutille, il n'a pas voulû perdre
ce tour malin qui luy a pareu propre à donner des impreffions
contre Pazeri pere, fi c'eft ainfi qu'il a prevenu le public, il fera
tres-facile de le defabufer, puifque conftemment ce font là tout
autant de fuppofitions; Pazeri pere eftoit Creancier du Sᵗ Abbé
de Boyer, il avoit une ceffion fur fes rentiers, multitude de
faifies, diftribution, Pazeri pere y donna fimplement demande,
fans qu'il ait jamais fongé à contefter la portion Canonique au
fieur Abbé de Boyer, il n'y a rien de femblable dans fon inven-
taire de produ&tion communiqué au procés, bien d'avantage il
eft juftifié par des pieces dont le fieur partie adverfe a eu com-
munication avant fon Avertiffement, que c'eftoient d'autres
Creanciers qui conteftoient la Congruë au fieur Abbé de Boyer,
que neanmoins elle luy avoit efté accordée, qu'il en jouïffoit, il
y a pour cela deux Sentences, l'une du 6. Septembre 1692.
l'autre du 4. Iuin 1693 plainement executées par deux quittances que le fieur de Boyer conceda au Rentier du Prieuré, en date
du onze Aouft & 8. Iuin 1695. & ainfi peu de temps avant la
Refignation qui eft du 9. Iuillet lors fuivant : de forte que le
fieur de Gaillard foûtient hardiment que Pazeri pere eftoit Syndic, cela n'eft point vray, qu'il conteftoit la Congruë, cela eft
encore fuppofé, qu'il le faifoit pour obliger le fieur Abbé de Boyer à refigner fon Benefice, & cependent il y a preuve litteralle
que le fieur Abbé de Boyer a refigné fon Benefice dans le tems
qu'il jouïffoit de la Congruë.

Le fieur partie adverfe ajoûte que le Prieur de Lauris avoit
une extreme befoin d'argent, qu'entre Pazeri pere & luy, il y
avoit des defiances reciproques, que l'un ne vouloit point donner d'argent fans avoir le Benefice, & l'autre ne vouloit point
donner le Benefice fans avoir l'argent.

C'eft la fituation ou il met ces deux perfonnes pour les faire
entrer dans ce traité honteux, il eft évident que l'execution de
ce traité n'a peu fe faire qu'entre deux parties prefentes; c'eft là
l'effet naturel de la defiance mutuelle dont parle le fieur Abbé
de Gaillard, la demiffion pure & fimple du fieur Abbé de Boyer
eft faite à Villeneuve les Avignons le 9. Iuillet 1693. les Bulles
font expediées le lendemain dixiéme, cependant Pazeri pere é-
toit en cette ville le 8. aprés midy, & le 9. auffi aprés midy,
cela eft juftifié par deux contra&ts publics Notaire Sube, fur af-
faires importantes, & qui demandoient beaucoup d'application
& de détail ; cela deconcerte bien cette execution du traité Si-

moniaque que le fieur de Gaillard pretend avoir efté faite dans la ville d'Avignon : mais le fieur de Gaillard ne trouve rien de difficille, l'avidité a prefté des aîles à Pazeri pere pour fe trouver le même jour à Villeneuve les Avignons & dans cette ville quoyque diftantes l'une de l'autre d'environ 13. lieuës.

Les autres faits dont parle le fieur Abbé de Gaillard feront difcutez dans l'examen de fes reflexions, ce n'eft pas qu'il n'y dife des chofes affez fingulieres, rien n'échape à fa diligence ; il faut avouër qu'en luy la pitié eft bien ingenieufe, il ne paffe rien fans l'éplucher, les claufes des Bulles les plus ordinaires font felon luy une precaution judicieufe qu'à voulû prendre Monfieur le Vicelegat dans la conjonĉture qui s'offroit, ou la qualité des parties ne faifoit que trop craindre le vice fecret de la renonciation du fieur Abbé de Boyer.

Le moindre Officier de la Datterie luy auroit apris que Monfieur le Vicelegat n'examine pas la capacité de ceux qui fe prefentent avec une renónciation, il eft obligé de pourvoir le porteur, ce font les loix de la France & les privileges de la Nation, la claufe que le fieur de Gaillard a pris la peine d'inferer en la troifiéme page de fon Avertiffement eft tellement de ftile qu'elle n'eft obmife dans aucune provifion, ni de Cour de Rome, ni d'Avignon : mais le fieur de Gaillard ne borne pas fes reflexions à de pareilles minuties, il a trouvé le Certificat du Banquier digne de fon attention ; enfin il ajoûte que Pazeri pere revint en cette Ville pour pourfuivre l'annexe, cependent il eft de fait qu'il reçût les Bulles dans Aix, & qu'il les porta en même temps à Madame d'Aguille, & à Monfieur le Confeiller de Boyer, & il a autant fujet de fe louër de la reception qu'ils luy firent, qu'il a lieu de fe plaindre du mauvais procedé du fieur Abbé de Gaillard.

Comme ledit fieur Abbé de Gaillard pretend qu'il y a des preuves qui eftabliffent la Simonie de Pazeri pere, on les examinera chacune en particulier.

Réponfe à la premiere reflexion du Sieur de Gaillard.

CEtte premiere reflexion confifte en ce que Pazeri pere eft d'une reputation tres-fufpeĉte en ces matieres ; ce qui s'eft paffé, dit le fieur de Gaillard, en l'affaire du Prieuré de Belgencier le convainc tout enfemble d'une Simonie & d'une confidence la mieux prouvée qu'il foit poffible d'imaginer ; & aprés cela le fieur de Gaillard s'eftend fort au long fur ce qu'il pretend s'eftre paffé dans l'affaire du Prieuré de Belgencier ; il foûtient que la Refignation en fut extorquée par mauvais moyens, que Meffire Laurenci qui eftoit pour lors Precepteur du deffendeur, fut le confidanciaire choifi en faveur duquel on la menagea, ainfi qu'il refulte de la procedure faite fur la plainte de la Dame d'Aguillenqui, que les revenus du Prieuré de Belgencier ont efté retitez par Pazeri pere, en vertu de ceffions faites ou en fa faveur ou de fes affociés, que fur cette confidance y ayant eu une impetration faite en l'année 1690. Pazeri fut confeillé d'en prevenir les fuites par un contract, par lequel il tâcha du moins de fauver du naufrage le Prieuré de Ponteuil en le faifant ceder audit Laurenci, qui commença auffi par en ceder les revenus audit Pazeri, & qui le même jour qu'il fit la ceffion rendit le depoft par une procuration avec le nom du Procureur en blanc, pour refigner le Prieuré de Ponteuil entre les mains de Monfieur le Cardinal Bonzi, que c'eft là-deffus que le deffendeur en a efté pourvû, mais qu'il n'en jouyt pas paifiblement, ce Prieuré ayant efté auffi impetré par devolut.

Voila felon le fieur de Gaillard l'hiftoire fincere & prouvée de ce qui s'eft paffé à l'égard de ces deux Benefices; il ajoûte que cette digreffion fait un peu de peine au deffendeur, que fon confeil même avoit fenti celle qu'il y avoit à excufer la conduite de Pazeri pere: mais qu'il eft bien plus facile de faire des Actes plains de confidance & de Simonie, qu'il ne l'eft de les deffendre & de paroître innocent, aprés qu'on a eu le malheur de les faire.

Le fieur de Gaillard parle par tout de Moralle commode, il la reproche perpetuellement à Pazeri pere, & il en veut faire craindre les mauvais effets au deffendeur fon fils, quel nom veut il qu'on donne à la fienne, il protefte qu'il n'a pas deffein de bleffer la charité, on n'en exige pas tant de luy, on le quitte à moins, on fe contente qu'il ne viole pas la juftice & qu'il refpecte la verité.

Quoyque l'affaire du Prieuré de Belgencier n'ait rien de commun avec celle cy, neanmoins le deffendeur doit foûtenir en cette occafion la reputation de fon pere fi injuftement attaquée, & en matiere fi importante, on pretend que le Prieuré de Belgencier fut refigné à Laurenci, parceque le deffendeur ne pouvoit point le poffeder; cependant il eftoit alors âgé de onze ans, il n'en falloit pas tant ponr tenir un Benefice fimple, quoy qu'en commande il eft vray que quelques Canoniftes exigent 14. ans fur le fondement du Concile de Trente: mais nous ne l'obfervons pas en cela, *apud nos in Beneficÿs fimplicibus feptemnium fufficit*, ce font les termes de Paftour en fon Traité *de Beneficÿs Lib.* 3. *tit.* 22. n° 3. Les Auteurs même qui exigent 14. ans conviennent tous que le Pape en peut difpenfer, parce que ce font là des chofes du droit pofitif: en effet le Sieur d'Aguillenqui avoit poffedé à fept ans ce même Prieuré, pour-

quoy donc auroit-on choifi un confidenciaire, puifque le deffendeur à qui l'on pretend que le Benefice eftoit deftiné eftoit
en eftat de le poffeder pour le moins avec difpence, ce qui ne
fe refufe jamais à Rome.

Cela détruit invinciblement le fondement de cette confidance,
le fieur d'Aguillenqui ne vouloit plus ce Benefice, il aimoit
mieux une penfion, il connoiffoit dépuis long-temps. Meffire
Laurenci, il le choifit, la referve de la penfion fut de 600. liv.
Meffire Laurenci l'a toûjours exactement payée, & a répondu
à la confiance de fon Refignant.

Le fieur de Gaillard parle d'une procedure qui fut faite à la
Requefte de la Dame d'Aguillenqui, il en a donné copie : on
n'y verra rien ni contre Laurenci ni contre Pazeri pere ; le Sr.
d'Aguillenqui avoit environ 23. ans lors qu'il fit fa refignation;
il eut pour cela de tres-bonnes raifons, les revenus de fon Benefice eftoient menagez d'une maniere fort peu Canonique, le
fait même dont parle le fieur de Gaillard concernant Pazeri pere,
quoyque fuppofé, fairoit juftement fon apologie; Pazeri pere dit
en une conferance que Meffire Laurenci qui eftoit là prefent
quitteroit le Beneficee fi le fieur d'Aguillenqui vouloit y rentrer, une perfonne équitable conclurroit de ce fait qu'on n'avoit
pas furpris le Refignant, que Pazeri ne fongeoit pas de faire
tomber ce Benefic au deffendeur fon fils, mais le fieur de Gaillard a le fecret de raifonner d'une maniere differente de celle des
autres hommes, c'eft là felon luy une preuve de confidance;
en verité Pazeri eft un confidanciaire d'un nouveau genre, la
demarche la plus criminelle qu'on luy impute, c'eft d'avoir of-
fert de faire quitter le Benefice fi le refignant y vouloit rentrer,
s'il avoit parlé de la maniere le pourveu abfent, il feroit de l'é-
quité naturelle de prendre fon expreffion comme le langage d'un
amy plein de zele, qui fe croit en droit de faire faire par fon
amy ce qu'il trouve luy même raifonnable : mais le dire en pre-
fence du pourveu, c'eft expliquer une penfée commune, c'eft
parler de fon ordre; jamais procedé ne fut plus net, jamais conduite ne fut plus defintereffée, ainfi ni le refignant n'avoit pas
efté trompé, puis qu'on s'en remettoit à luy de reprendre fon
Benefice, ni Laurenci ne le gardoit pas pour le deffendeur, puis
qu'il offroit de le donner à un autre.

Mais Laurenci, ajoûte le fieur de Gaillard, n'a pas jouy des
revenus du Prieuré de Belgencier, Pazeri pere les a retirez en
vertu de ceffions conçûës en termes vagues ; la premiere eft du
20. Aouft 1687. il en a efté raporté d'autres fucceffivement à
mefure que cette premiere a efté remplie.

La Refignation de Meffire d'Aguillenqui eft du 28. Ianvier
1686. Meffire Laurenci ne commença à faire des ceffions qu'en

1687. lors qu'il fut obligé d'aller à Paris pour playder au Grand Conseil où l'affaire fut portée sur le possessoire du Prieuré de Belgencier, Messire Laurenci a resté long-temps à Paris, il y a fait des depences considerables, le Benefice ne rendoit qu'environ 1000. liv. il estoit chargé d'une pension de 600. liv. qui a toûjours esté exactement payée, il ne restoit donc qu'environ 400. liv. au titulaire, il luy en falloit bien d'avantage à Paris pour son entretien, & pour les frais du procés estant de retour de Paris en l'année 1690. Messire Laurenci fit encore quelques cessions, & entre autres celles du demi lods du moulin; elles furent presque toutes inutilles, Pazeri pere ou sa societé n'ont retiré en vertu de ces cessions qu'environ la somme de deux mille livres, voilà à quoy se reduit cette confidance imaginaire dans le temps que les fournitures faites à Laurenci vont beaucoup au de là.

Ainsi ces cessions detachées de toute autre circonstance ne prouveroient pas que Laurenci fut confidanciaire : car quand le resignant même perçoit les fruits, quoyque ce soit là une des conjectures establies par la Bulle de Pie V. neanmoins si la cause de perception paroit, cette conjecture cesse ; c'est ce qu'on peut voir dans Flaminius de Confidentia, quest. 32. n° 40. *cum enim constat de causa perceptionis fructuum cessat conjectura confidentiæ*, icy les cessions sont publiques, les fournitures réelles, l'employ connu, subsistance du titulaire, procés au Grand Conseil, voyage à Paris ; faut-il chercher autre cause pour la consommation des fruits.

Si le sieur de Gaillard en usoit de bonne foy, il n'auroit produit ni ces cessions ni ces quittances dont il a fait donner copie, il n'a pas manqué de s'adresser aux Fermiers de Belgencier, & il a veu sans doute entre leurs mains les quittances de Messire Laurenci, celles de ses Procureurs, & entre autres de son frere; c'est avec peine qu'on a recouvré ces pieces, & qu'on en a eu extrait, fruit de la precaution du sieur Abbé de Gaillard, ainsi l'on verra maintenant par nos pieces nouvelles que Messire Laurenci a arrenté, qu'il a même érigé un arriere fief en faveur du sieur Terras caution de son Fermier, que luy ou ses Procureurs ont fait des comptes, concedé des quittances ; & jouy plainement du revenu ; il y a eu même d'autres cessions en faveur du sieur Amblard & Compagnie qui ont eu effet ? Comment est-ce que le sieur de Gaillard peut soûtenir aprés cela, que Pazeri pere a retiré toutes les rentes du Prieuré de Belgencier en vertu de cessions recherchées, le contraire est literalement justifié au procés, le sieur de Gaillard devroit avoir quelque honte d'avancer avec tant de hardiesse des faits si visiblement calomnieux.

Cependant il a bien ofé encore foûtenir, que la confidance avoit continué fur les revenus du Prieuré de Ponteuil, parce qu'en 1693. Pazeri pere avoit raporté une ceffion de 973. livres fur les revenus de ce Prieuré à prendre de Meffire Antoine Farifier Curé perpetuel dudit Ponteuil & Fermier defdits revenus; cependant lors de l'intimation de la ceffion qui fut faite le 24. du mois de Septembre Meffire Farifier répondit qu'il avoit payé au fieur Chalabre Receveur des Tailles au Dioceze du Puys la fomme de 472. liv. de la paye écheuë le mois d'Aouft precedent, & ce en vertu d'une procuration de Meffire Laurenci du 22. Iuin de la même année 1693.

Cette piece avoit efté communiquée au fieur Abbé de Gaillard avant fon Avertiffement, il n'en a rien dit; on luy communiquera prefentement l'arrentement du Prieuré de Ponteuil, & dans peu de jours la quittance du fieur de Chalabre qu'on a envoyé prendre : mais comme le fieur de Gaillard ne fonge qu'à donner de fauffes idées au public & non à perfuader les Iuges, ce n'eft pas aux pieces qu'il s'arrefte ; il luy fuffit de crier au confidanciaire, au Simoniaque ; il s'imagine que ces clameurs font des raifons, & que fon habit de Pere de l'Oratoire fert de preuve, au lieu que c'eft ce qui rend fes calomnies plus odieufes, il a crû que la confiance qu'il témoigne dans fon Avertiffement accableroit le Deffendeur, il joüit cependant d'un vain triomphe & d'une victoire paffagere : mais la force de la verité qu'on luy oppofe maintenant le couvrira d'une éternelle confufion.

Il a beau fe rependre en differtations inutiles fur la Bulle de Pie V. touchant les conjectures de confidance, il fonde tous fes raifonnemens fur ce que Pazeri pere a jouy en vertu de ceffions vagues ; on n'a qu'à luy répondre que cela n'eft point ainfi, que Pazeri pere ou fa focieté pour fournitures legitimes n'ont pas retiré la moitié de leur deub en vertu de ces mêmes ceffions, que Laurenci a fait d'autres ceffions qui ont eu effet, qu'il a paffé les arrentemens, concedé les quittances aux Fermiers, fait fes comptes finaux, conftitué des Procureurs que fon frere & fes autres Procureurs en ont fait de même, & qu'enfin bien loin d'eftre confidanciaire, il éludoit les ceffions par luy faites à Pazeri pere fon legitime Creancier en faifant retirer les payes cedées dans l'intervalle qu'il y avoit entre l'intimation & la ceffion, & cedant même quelque fois ce qu'il avoit déja éxigé.

Tout cela eftant ainfi, & fe trouvant literalement prouvé au procés, que fert-il au fieur de Gaillard de parler de confidance, que luy fert-il d'alleguer que les actions paffées forment une prefomption en matiere de crimes cachez, & dont la preuve eſt difficile ; le deffendeur a le bonheur d'avoir un pere qui a conſervé dans le negoce une reputation entiere , il y a toûjours marqué une probité hors d'atteinte, toûjours quelque crime precede les grands crimes : on ne devient pas tout à coup confidanciaire & Simoniaque, de ſorte que ſi l'on veut prendre une premiere preſomption ſur le caractere des perſonnes , on ne peut le prendre qu'avantageuſe pour le deffendeur.

Que ſi Meſſire Laurenci luy a reſigné le Prieuré de Ponteuil, il n'y a rien là que de fort loüable , Meſſire Laurenci accommoda le procés de Belgencier par voye de permutations ; le ſieur de Gaillard veut faire comprendre que la crainte d'eſtre convaincu de confidance obligea ledit Meſſire Laurenci de paſſer un Traité deſavantageux , eſt ce que ledit ſieur de Gaillard ne dira jamais les choſes comme elles ſont? mêlera-il toûjours ſes reflexions malignes & injuſtes dans les faits les plus naturels & les plus ſimples , les revenus de Belgencier n'eſtoient que d'environ 1000. liv. ce Benefice eſtoit chargé d'une penſion de ſix cens liv. les revenus de Ponteuil eſtoient de 600. liv. il eſt vray qu'il y avoit une penſion de 200. liv. mais elle ceſſa d'abord; d'ailleurs lors du concordat, Meſſire Laurenci eſtoit pourveu d'un Canonicat à Forcalquier qui exigeoit ſa preſence, c'eſtoit là un eſtabliſſement honorable , il s'y eſt renfermé , & Meſſire Laurenci ſe trouvant déja eſtably d'une maniere qui luy convenoit , à pû reſigner le Prieuré de Ponteuil au deffendeur ſans qu'il y ait en cela la moindre ombre de confidance ; mais le ſieur de Gaillard veut bannir la reconnoiſſance parmi les hommes , gratitude, honnetetés, retour, tout eſt Simonie ſelon luy.

Réponſe à la ſeconde reflexïon du ſieur de Gaillard.

LE ſieur de Gaillard l'a fait conſiſter en ce que l'on ne doit pas croire, que le ſieur Abbé de Boyer preſſé par ſes creanciers eut reſigné au deffendeur un Benefice de 800. écus de rente s'il n'y avoit eſté porté par d'autres motifs, ſur tout le pere du deffendeur eſtant celuy de ſes creanciers qui le preſſoit d'avantage, qui s'eſtoit mis à la teſte des autres, s'eſtant fait nommer Syndic ; en cet eſtat la renonciation du ſieur Abbé de Boyer ne peut pas avoir eſté pure & innocente , au contraire ce doit eſtre un effet de la puiſſance d'un creancier ſur un debiteur; *Olim debitores tanquam ſervi ibant in nervum* ; c'eſt ainſi que raiſonne le ſieur de Gaillard , mêlant toûjours à ſes obſervations quelques faits contraires aux pieces , tel eſt ce pretendu Syndicat de Pazeri pere, telles ſont ces procedures violentes qu'il impute au même Pazeri contre le ſieur de Boyer , ainſi cette deuxiéme reflexion ſe doit reduire à ce point; Sçavoir que la refignation fe trouve faite au profit d'un étranger dont le pere eftoit creancier du Beneficié , ou eft-ce que le fieur de Gaillard a trouvé que c'eft là une conjecture de Simonie , les veuës de chair & de fang fi deteftées par les Canons deviendront elles des voyes legitimes pour purifier une refignation , Pazeri pere eftoit creancier du fieur de Boyer, il l'eft encore , un preft qui auroit efté fait en un temps voifin ne prouveroit point la Simonie, icy Pazeri pere eftoit creancier depuis 1689. fa creance même venoit de plus loin , la refignation n'eft qu'en 1693. le pourveu jouït ; il n'y a pas ombre de confidance , Pazeri pere eftoit à douze lieuës de la Ville où la refignation a efté faite, tout cela détruit & les foupçons injuftes que la Partie Adverfe veut donner , & les chimeres qu'il fe forme & qu'il luy plaît d'apeller des preuves convainquantes , ou eftoit donc la deffiance de l'Abbé de Boyer , lors qu'il refigna fon benefice en abfance du deffendeur & de toute autre perfonne par l'intervention de laquelle le Traité Simoniaque auroit peu s'executer : car enfin on nous parle icy d'une Simonie réelle , elle eft détruite par l'abfence de Pazeri pere lors de la refignation.

Mais ajoûte le fieur de Gaillard , il ne s'agit pas icy d'une refignation en faveur , il s'agit d'une refignation pure & fimple entre les mains de Monfieur le Vicelegat. qui auroit pû en pourvoir tout autre fi dans le même temps le Benefice n'avoit efté impetré par le deffendeur , & la nature de cette renonciation fournit elle même une conjecture tres-forte & tres-vehemente de la Simonie dont il s'agit.

Jamais rien de plus outré ne peut eftre avancé en ces matieres, qui ne fçait que Monfieur le Vicelegat eft obligé de pourvoir le porteur de la renonciation , & qui a jamais dit qu'une renonciation pure & fimple devienne une preuve de Simonie , *in hac materia generaliter in foro capienda eft interpretatio ut excludatur confidentia & Simonia* ; comme dit Flaminius *de confidentia* , queft. 63. n° 12. & 13. que doit on penfer du fieur de Gaillard , bien loin d'admettre une maxime fi équitable , tout change entre fes mains , par tout il répend des idées de Simonie : on luy fait voir que Pazeri pere eftoit dans Aix lors de la refignation du fieur de Boyer , n'importe (dit le fieur de Gaillard) l'avidité luy a fourni des aifles ; il eft conftant que Pazeri pere a fait plufieurs voyages *in cognito* à Villeneuve dans le temps que le Prieur de Lauris y eftoit , autre fuppofition, il ne l'eft pas moins aufli (ajoûte le fieur Adverfaire) que Pazeri pere a efté le porteur des provifions ; il avouë luy même de les avoir portées au Château d'Aguille avant l'annexe , cela feul ne prouve que trop qu'il a efté à Avignon lors de la renonciation, quelle confequence ? comme fi Pazeri pere ne pouvoit pas avoir reçû

en cette Ville les Provisions par la poste , le sieur de Gaillard
ne laisse pas d'apeller cette observation une preuve convain-
quante.

Réponse à la troisiéme Réflexion tirée des deux Dattes prises sous
le nom de Laurenci & de Bernardin Reas.

CE fut Pazeri pere, dit le sieur de Gaillard, qui fit retenir
une premiere Date sur le Prieuré de Lauris le troisiéme
du mois de juillet. rien ne prouve mieux la simonie; le como-
de Laurenci paroist sur les rangs pour y donner son nom, il
falloit intimider le Prieur de Lauris par une Datte d'impetration
sur son irregularité, & supposé qu'il eut esté irregulier, comme
il n'y avoit que trop de sujet de le craindre, on affermissoit sa
renonciation, parce qu'en effet on n'auroit pas manqué d'aque-
rir le droit de Laurenci si quelque dévolutaire se fut élevé.

Il y a une autre Datte sous le nom de Bernardin Reas le 11.
du même mois, & ainsi du l'endemain des Provisions du Dé-
fendeur, aprés cela on se crût dans une entiere securité , ces
Dattes precedoient & suivoient la renonciation dont il s'agit;
elles comprenoient tous les genres de vacance, quel impetrant
auroit pû insulter le deffendeur au milieu de l'azile de deux
confidanciaires qui dependoient de luy absolument.

Il y a plaisir de voir le sieur de Gaillard se rependre en conjectures, & par des expressions vives changer ces conjectures en
demonstrations : on voit bien que c'est l'imagination qui jouë;
c'en est là le langage, la verité a des manieres plus simples & des
tours moins recherchez : Pazeri pere n'est pas l'auteur de la
premiere Date, ceux qui l'ont fait prendre estoient si peu ins-
truits de la qualité de Messiré Laurenci, qu'ils ne l'ont qualifié
que Prestre du Diocese de Senez , quoy-qu'il fut alors Chanoine de Forcalquier : cette crainte qu'on vouloit donner au S^r
de Boyer sur son irregularité est une pure chimere, le sieur de
Gaillard a dissimulé malignement dans son Factum le pretexte
de cette irregularité ; c'estoit le pretendu mariage du sieur de
Boyer : mais si ce mariage avoit esté veritable, Pazeri pere
n'auroit pas eu besoin de poursuivre le traité simoniaque dont on
l'accuse injustement, puisque le Benefice luy auroit esté asseuré
par une impetration faite sous le nom de Messire Laurenci,
qu'on veut faire regarder comme son confidenciare ; & si ce mariage estoit supposé, à quoy pouvoit jamais servir cette Date :
le sieur de Boyer estoit-il en estat de craindre une chimere?
Le faux effet qu'on attribue à cette Datte, justifie bien que le
Deffendeur ni son pere n'y ont aucune part.

Il en est de même de celle qui avoit esté prise au nom du S^r

Bernardin Reas, puifqu'elle n'a jamais efté levée : or fi c'eft
une conjecture raifonnable de croire qu'une Date a efté prife
par celuy qui s'en fert, on doit dire qu'elle ne l'a pas efté par
celuy qui la néglige, c'eftoit, dit-on, une precaution contre les
dévolutaires qui pourroient s'élever, il s'en eft élevé un, on l'a
connu, il ne s'eft point caché, & la Date a toûjours efté né-
gligée : mais le fieur Reas eft décedé quelque temps aprés, cela
eft veritable, & la réponfe du deffendeur fubfifte toûjours, parce
que lors du decez dudit fieur Reas le devolut du fieur de Gaillard avoit déja éclaté, cependant l'on ne trouvera point qu'il y
ait eu des Bulles levées au nom dudit fieur Reas , rien ne prouve mieux qu'une chofe n'a pas efté faite pour une telle fin que
quand ceux qu'on accufe de l'avoir faite , ne s'en font pas fervis
pour la fin qui leur eft imputée.

Mais ce qu'il y a de plus decifif , & à quoy le fieur de Gaillard n'a fait aucune réponfe ; c'eft que ces Dattes n'ont aucune
liaifon avec les faits de Simonie par luy avancez : or il eft bien
évident qu'afin que ces Dattes peuffent fervir de preuve à la Simonie , il faudroit qu'elles euffent quelque raport avec le pretendu Traité qu'il y auroit eu entre Pazeri pere & l'Abbé de boyer , les conjectures en ces matieres ne dependent pas du capri-
ce de l'homme, mais de la prudence de la Loy, *non hominis fed
legis* , dit Lotherius Liv. 3. queft. 29. n° 55. cet Auteur eft trop
commode , dit le fieur de Gaillard; jamais homme ne fut plus
fevere que luy fur ces matieres : mais en recompenfe il eft bien
indulgent en d'autres, les calomnies, les faux faits, & les fuppofitions ne luy coûtent rien , jamais interpretation équitable; il
y a mille Dattes perduës dans la Légation d'Avignon & à Rome,
en 1675. il en fut pris deux fur le Prieuré de Lauris , l'une du
30. Avril fous le nom du fieur Gabriël Bernard, & l'autre du
2. May fous le nom du fieur Michel Blacas dans le même mois
d'Avril, dépuis le 6. jufques au 14. il fut pris 41. Dattes fur le
Doyenné de Montelimar , quelles exagerations ne fairoit pas le
fieur de Gaillard s'il avoit trouvé de pareilles chofes , puifque
deux Dattes perduës negligées luy fourniffent la matiere de tant
d'inutiles obfervations.

*Réponfe à la quatriéme Reflexion , contenant preuve literale
de la Confidence.*

CE n'eft plus prefomption , c'eft preuve nette & precife,
le fieur de Gaillard même ne fçait point comment le Deffendeur pourra fe tirer de cet embarras ; on va le luy aprendre,
& ce fera en luy decouvrant une équivoque qu'il a volontaire-
ment faite faute d'attention aux chofes les plus fimples.

Par Acte du 20. Iuin 1693. Messire Laurenci passa procuration pour resigner en Cour de Rome le Prieuré simple de Ponteüil en faveur du Deffendeur, cette resignation fut envoyée en même temps afin d'en poursuivre l'expedition avec establissement de la commande perpetuelle ; lorsque les Bulles furent levées en la Legation, Le Banquier qui en poursuivoit l'expedition marqua à son Correspondant, que dépuis le 20. du mois de Iuin precedant il avoit mandé une resignation en faveur, & qu'il poursuivoit en Cour de Rome la Commande perpetuelle du Prieuré de Ponteüil : comme dans l'intervalle il pouvoit arriver que l'expedition pouvoit avoir esté accordée à Rome, le Banquier d'Avignon trouva à propos d'inserer dans les Provisions du Prieuré de Lauris, la qualité de Prieur de Ponteüil, parce que supposé que l'Expedition de Rome n'eût pas esté accordée, c'estoit une énonciation qui devenoit inutile, au lieu que si l'expedition de Rome avoit esté accordée le deffaut de l'expression auroit peu former quelque difficulté, & pour faire encore mieux comprendre la necessité qu'il y avoit d'exprimer dans les Provisions du Prieuré de Lauris la qualité de Prieur de Ponteüil ; c'est qu'il faut remarquer que les signatures de Cour de Rome sont dattées du jour de l'arrivée du Courier, c'est là un Privilege de la France ainsi qu'on voit dans Feuret en son Traité de l'Abus, Liv. 3. chap. 1. en sorte que quoyque l'expedition eût esté faite à Rome long-temps aprés celle d'Avignon, elle auroit toûjours pareu anterieure, parceque l'envoy de la procuration avoit esté fait vingt jours avant l'expedition d'Avignon, ce qui estoit un temps plus que suffisant pour porter à Rome la resignation du Prieuré de Ponteüil.

Il resulte de là, que quand on a exprimé la qualité de Prieur de Ponteuil dans les Provisions du Prieuré de Lauris ; on l'a fait avec un fondement legitime à cause de l'envoy de la procuration *ad resignandum*, qui avoit esté fait 20. jours auparavant en Cour de Rome en faveur de Messire Pazeri, que si cette expedition du Prieuré de Ponteüil avec la Commande perpetuelle est devenuë difficile ; cela ne produit autre effet que mettre cette énonciation au nombre de ces clauses, *quæ viciantur & non viciant*, & c'est à quoy à boutit la preuve literale de cette confidance qui a donné sujet au sieur de Gaillard de presenter le premier du mois de Novembre une Requeste incidante comme s'il avoit decouvert un nouveau moyen de devolut : il n'a pas pris garde qu'il avoit produit luy même la premiere resignation en faveur faite par Messire Laurenci envoyée en Cour de Rome des le 20. du mois de Iuin, & que c'estoit là la vraye cause de l'énonciation faite dans les Provisions du Prieuré de Lauris ; il y auroit de l'extravagance de s'imaginer qu'un homme fait exprimer dans des Provisions un Benefice qu'on luy tient en confidance ; c'est neanmoins ce que le sieur de Gaillard impute au Deffendeur, faute d'avoir consideré la Datte de la premiere resignation du Prieuré de Ponteüil , & que l'envoy qui en avoit esté fait en Cour de Rome avoit obligé le Banquier qui poursuivoit l'expedition de celle d'Avignon de ne pas obmettre une chose qui pouvoit devenir necessaire suivant l'évenement , & qui en tout cas estoit inutile.

Et en cet endroit on doit encore éclaircir une équivoque du sieur de Gaillard sur le certificat du Banquier ; comment se peut-il faire, à t-il dit que le Banquier d'Aix ait procuré l'expedition d'Avignon , la renonciation de l'Abbé de Boyer est du 9. & les Provisions sont du dix ; Le sieur de Gaillard ne doit pas ignorer que le porteur de la renonciation prend d'abord une Datte ; c'est de ce jour là que les provisions sont dattées , quoyque l'expedition soit faite quelque temps aprés , parceque la prise de la Datte consomme tout le droit & remplit le genre de la vacance; ainsi le Banquier d'Aix qui a poursuivi l'expedition a eu tout le temps necessaire pour instruire son Correspondant d'Avignon d'un fait qui luy estoit connu ; Sçavoir de l'envoy fait à Rome de la procuration , *ad resignandum* touchant le Prieuré de Ponteüil , & cette instruction a suffit au Banquier d'Avignon pour inferer dans les Provisions du Prieuré de Lauris la qualité de Prieur de Ponteüil.

La Bulle du Prieuré de Lauris (ajoûte le sieur de Gaillard) est entierement obreptice : il y est exprimé que ce Prieuré n'est que de 24. écus d'or de rente, il vaut plus de 2000. liv. c'est sur ce fondement & sur la modicité de ce revenu que le sieur Pazeri demande dispence de le posseder conjoinctement avec celuy de Ponteuil ; *Mendax precator careat impetratis* , d'autant mieux qu'il a esté exposé à Monsieur le Vicelegat que le sieur Abbé de Boyer avoit d'ailleur de quoy subsister.

Il est surprenant que le sieur Adversaire fasse de pareilles Objections ; c'est encore un privilege de la France que la taxe des provisions des Benefices ne peuvent pas estre augmentées ; Feuret au Liv. 3. chap. 1. en a fait l'Observation, c'est la disposition de l'article 48. de nos Libertés ; ainsi l'on n'a pas exprimé que le Benefice ne valoit que 24. écus ducats d'or pour avoir plus facilement la dispence de le garder avec celuy de Ponteüil : mais seulement par un privilege de l'Eglise Gallicanne, suivant lequel on n'exprime les Benefices qui ne sont pas consistoriaux que sur le pied de 24. ducats de revenu ce qui a esté introduit , parceque quand ils excedent 24. ducats il faut payer la moitié du revenu, ce qui seroit trop onereux aux François ; c'est pour cela qu'on se contente d'exprimer les 24. ducats , *in Francia nos solemus exprimere æstimationem valoris Beneficij viginti quatuor ducatos;* c'eſt ce que dit Rebuffe en ſa pratique, *forma ſignaturæ* , pag. 66. & au même endroit & en la page 73. n° 7. il remarque, que ſi bien de droit commun il faut exprimer dans les Bulles *verum Beneficij valorem*, neanmoins *in regno ratione conſuetudinis ſufficit exprimere valorem conſuetum ſcilicet viginti quatuor ducatorum* , ce que dit le ſieur de Gaillard ſur la renonciation du ſieur Abbé de Boyer, n'eſt pas moins extraordinaire; puiſque c'eſt une renonciation pure & ſimple. Monſieur le Vicelegat n'a pas beſoin d'autre motif pour l'accepter , que la volonté de celuy qui l'a faite.

Réponſe à la cinquiéme Reflexion.

CElle-cy n'a rien de particulier. Le ſieur partie Adverſe preſſupoſe que la Simonie peut eſtre prouvée par conjectures , & cite pour cela Flaminius *de reſignat. Benef. Lib.* 14. queſt. 8. il pretend auſſi que ce fut ſur ſimples conjectures que le Parlement de ce Pays rendit un Arreſt celebre le 8. May 1635. par lequel il declara un Benefice vacant pour cauſe de Simonie, quoyque les preſomptions feuſſent beaucoup moins preſſentes que celles que le ſieur partie Adverſe trouve en cette cauſe.

Comme on a déja fait voir l'inutilité de toutes ces conjectures, il ne ſera pas beſoin de s'arreſter beaucoup ſur la queſtion generalle : on ſe contentera de remarquer que le ſieur de Gaillard n'a pas bien pris le ſens de Flaminius , ce n'eſt pas ſeulement au lieu par luy allegué où cet Auteur traite cette queſtion; Sçavoir ſi les conjectures ſuffiſent pour prouver la Simonie , il l'examine encore plus particulierement dans le Traité qu'il a fait *de confidencia*, queſt. 64. n° 14. & ſuivants , & en cet endroit il fait une diſtinction, lors qu'il s'agit (dit cet Auteur) de faire perdre un Benefice à celuy qui s'en trouve pourveu , les conjectures ne ſuffiſent pas, *ſed communis opinio eſt requiri plenam & concludentem probationem cum agitur ad effectum privationis,* ce qu'il confirme par diverſes autoritez Canoniques, & fait voir que c'eſt l'opinion commune que la Rote ſuit dans ſes Jugements, *licet ſecus ſit quoties agitur ad repellendum aliquem ab aſſecutione Beneficij nondum obtenti nam tunc ſufficiunt probationes leviores,* les raiſons qu'il en aporte ſont entre-autres , qu'il faut arreſter l'audace de ceux qui forment de pareil procés , *ad compeſcendam audaciam illorum qui movent has lites, genus enim hoc hominum valdè odioſum eſt.* Voila les épithetes que le ſieur de Gaillard s'attire , & qu'il trouve chez les Auteurs par luy citez ; ainſi lorſque Lotherius a avancé que toute ſorte de conjectures n'étoient pas reçûës en pareilles occaſions , il ne l'a pas fait ſur le

fnetiment folitaire de Verallus, mais il s'eft fondé fur la Maxime generale de tous les Canoniftes, qui exigent de la part d'un
dévolutaire, *quamvis agatur civiliter probationem plenam &*
concludentem. L'Arreft de la Cour que le fieur de Gaillard
a raporté n'a rien qui luy foit favorable, il fuffit d'en marquer
l'efpece, & l'on trouvera que la fimonie eftoit prouvée par écrit.

Laurens de Barjoulx fiança fa fille encore en bas âge avec
Leidet neveu d'un Chanoine, il luy donna 500. écuts en dot,
qui furent retirés par le pere du fiancé fous une déclaration
privée du même Laurens : portant que fi le mariage ne s'acom-
pliffoit pas par defaut de la fille les 500. écuts baillés à
Leidet ne feroient pas reftitués; vingt jours aprés Leydet
Chanoine réfigna fon Benefice au frere de la fille qui eftoit
écolier dans Aix : la déclaration du pere parut, il n'en falut pas
davantage pour eftablir la fimonie, ce fut auffi fur cette déclaration que la Cour fe fonda, en effet le pouveu offrit de
s'infcrire en faux, on n'eut point d'égard à cette offre faite fur
le coup du jugement, ayant efté reprefenté de la part du dévolutaire que c'eftoit *fubfidium deploratæ caufæ.*

On ne trouve rien de femblable en ce fait, ni déclaration, ni
lettre, ni traité precedant, ni quitance qui ait fuivi; le fieur de
Gaillard ne fait que battre la campagne dans le vafte pays des
conjectures; mais comme il en reconnoift luy-même la foibleffe,
il fe reduit à la preuve par témoins, c'eft là fon but, on va faire
voir qu'il y eft non recevable en examinant la fixiéme reflexion.

Réponfe à la fixiéme reflexion du fieur de Gaillard.

E Lle renferme deux queftions; la premiere fi la preuve
par témoins eft recevable, la feconde quels faits la preuve
doit comprendre.

Que la preuve par témoins n'eft pas recevable en fait de fimonie.

O N doit diftinguer l'action civile d'avec la criminelle : la
Simonie eft un crime qui peut eftre pourfuivi comme les
autres; mais cela n'apartient qu'au Miniftere public; c'eft ce
qui réfulte de l'Ordonnance de Blois art. 5. 6. & 21. & de
l'Ordonnace de 1629. art. 18. ces mêmes Ordonnances font
voir que les Benefices de ceux qui en font coupables ne peuvent eftre impetrés qu'aprés qu'ils en font convaincus : auffi
l'art. 6. de l'Ordonnance de Blois qui enjoint aux Baillifs &
Sénechaux d'informer diligemment, fi pout obtenir les nomi-
nations & provifions a efté commis aucune fimonie, fe fert de
ces termes, *pour aprés y pourvoir :* l'Edit de 1610. eft encore

plus precis fur ce fujet ; *Si quelqu'un eft deformais convaincu pardevant les Juges, aufquels la connoiffance en appartient, d'avoir commis fimonie, ou de tenir benefices en confidence; il fera pourvû aufdits benefices comme vacants incontinent aprés le jugement donné :* on a voulu que le jugement, quand la fimonie eft pourfuivie par action criminelle, précedat l'impetration; dépeur que des dévolutaires avides, fous pretexte de pourfuivre la punition d'un crime quelque fois chimerique, n'en commiffent de veritables.

Mais quand la fimonie eft opofée par un dévolutaire à l'effet de fe faire maintenir dans un benefice, la faine maxime & la derniere jurifprudence eft de ne point admettre la preuve par témoins; ceft ce qui nous eft marqué par Pafteur *de beneficiis eccl.* lib. 3. tit. 18. n° 28. fur la fin il fait voir que le dévolutaire ne doit pas eftre écouté, *fimoniam, aut confidentiam teftibus probare volens*, il adjoute que l'Ordonnance de Moulins art. 54. doit avoir lieu dans les caufes eclefiaftiques qui fe traitent civilement devant le Magiftrat feculier, autrement adjoute t'il, *tanta hodie eft Clericorum & parentum eorumdem libido, & teftium facilitas, quod fi criminaliter per inquifitionem poffeffores beneficiorum impetere liceret, pauci fanè effent fecuri*, ce qu'il confirme par un Arreft du Grand Confeil en faveur du Sr Ruffi Chanoine de Saint Sauveur, & par un autre Arreft de la Cour du mois de Novembre 1646. quoy qu'il y eut quelque efpece de conjecture tirée d'une lettre du Refignant au poffeffeur du benefice, & que le titulaire offrit de prouver la confidence par témoins.

La raifon de cela eft que s'il eftoit permis à un devolutaire de prouver la fimonie par témoins, fa condition feroit plus avantageufe que quand la fimonie eft pourfuivie criminellement; ce qui eft abfurde : car enfin en ce dernier cas, le benefice ne peut eftre impetré qu'aprés un jugement declaratif; c'eft ce qu'on a eftabli cy-deffus fur le texte des Ordonnances. Et cependant un dévolutaire dont la condition eft toûjours odieufe, fans attendre un jugement, commanceroit par impetrer un benefice, & demanderoit dans la fuitte une preuve par témoins pour fortifier une poffeffion vicieufe & un titre réprouvé.

Le fieur partie Adverfe a détourné le fens de cette objection : il s'eft amufé à prouver que la fimonie fait vaquer le benefice de plein droit ; ce n'eft pas de quoy il s'agit, mais feulement de quelle maniere la fimonie doit eftre prouvée. Un benefice peut eftre impetré pour caufe de fimonie réelle fans attendre un jugement déclaratif, on en convient; mais un dévoluraire ne peut pas eftre reçû à prouver la fimonie par témoins, pour ne pas favoriſer en ſa perſonne un titre odieux, & pour ne pas expoſer les pourvûs à la corruption de quelques témoins, toûjours à craindre en ces matieres : ainſi le ſieur de Gaillard affecte de confondre les choſes, & en attribuant au deffendeur des propoſitions qu'il n'a pas faites, il tâche d'éluder la verité de celles qui ont eſté eſtablies; il ſe retranche en ſuite à ſa qualité de Pere de l'Oratoire, il n'en parle qu'en cet endroit de ſon Factum où il veut faire paſſer la preuve par témoins : ne ſemble t'il pas que ſon dévolu ſoit ſanctifié par ſon habit : mais quand on voit un Pere de l'Oratoire violer toutes les maximes d'une ſi ſainte Congregation, s'apeller luy-même aux Benefices ſans attendre la voix de ſes Superieurs, ſoûtenir un procés odieux avec toute l'aigreur des Plaideurs du Siecle, ne ménager ni la verité, ni les bien-ſçeances; avancer les fauſſetez les plus criantes, que ne doit-on pas craindre aprés un renverſement ſi prodigieux.

Ainſi la perſonne du devolutaire eſt un motif preſſant pour rejetter une preuve ſi contraire au droit public, nonobſtant que Dumoulin, & aprés luy Monſieur Loüet ſur la regle *de Publicandis* n° 31. ayent eſté de ſentiment contraire; cependant Me. Antoine Vaillant celebre Avocat au Parlement de Paris, a remarqué que la juriſprudence avoit changé à cet égard *imo* ce ſont icy ſes termes. *Vix hodie admittitur ſimoniæ probatio per teſtes quando agitur de poſſeſſorio Beneficÿ & neceſſe eſt quod præcedat aliqua probatio per ſcripta alioquin propter teſtium facilitatem multæ proviſiones Canonicæ hac via impugnarentur ita judicatum in ſenatu Pariſienſi, & in magno Regis concilio,* rien n'eſt plus exprés ni plus deciſif que ces paroles; on peut voir les Arreſts du Grand Conſeil dans le Journal du Palais, part. 6. pag. 389. Monſieur l'Avocat General Bailli ayant remarqué que dépuis qu'on avoit reconnu la facilité avec laquelle ceux qui recherchent avidement des Benefices trouvent de faux témoins, on n'avoit plus reçû la preuve teſtimonialle du crime de ſimonie; que premierement il n'y eût eu un commencement de preuve par écrit: on voit au même endroit que c'eſt la derniere Juriſprudence du Parlement de Paris; celle de la Cour eſt entierement conforme, non ſeulement cela reſulte de l'Arreſt que raporte Paſtour : mais il y en a encore pluſieurs dans la premiere Compilation, Liv. 8. tit. 27. chap. 19. le ſieur de Gaillard ſe contente de répondre que le Compilateur n'eſt pas toûjours exact à raporter les Arreſts; mais c'eſt là une pure defaite, il faut marquer en particulier que le Compilateur s'eſt équivoqué ſinon 4. ou 5. Arreſts qu'il cite tous conformes ſur une queſtion de Droit doivent ſervir de preuve conſtante de la juriſprudence de la Cour ; en effet celuy qui a eſté rendu dépuis fort peu de temps à l'Audience de la Grand Chambre entre Meſſire Clerici & Meſſire Bernard ne ſçauroit eſtre plus précis ; il y avoit accuſation de Simonie en Cour d'Egliſe, & une procedure déja faite, non ſeulement on ne permît pas au devolutaire de faire la preuve par témoins, mais même on rejetta celle qui ſe trouvoit faite à la pourſuite du Promoteur, comme ne pouvant de rien ſervir à l'effet du poſſeſſoire.

Ce qu'on vient de dire juſtifie pleinement que la preuve par témoins n'eſt pas recevable en matiere de Simonie : on va faire voir ſubſidiairement quels faits en tout cas cette preuve devroit comprendre.

Le ſieur de Gaillard pretend que le deffendeur a des idées fort groſſieres là deſſus, & bien differentes de celles que la bonne Moralle inſpire : cependant le deffendeur a pris les ſiennes dans les conſtitutions des Papes dans Saint Thomas, dans Gerſon, dans les Jugements de la Rote, & dans le ſentiment univerſel des Canoniſtes, le ſieur de Gaillard ſeroit bien en peine s'il luy falloit juſtifier ſa conduite par des autoritez de ce caractere, ce n'eſt pas auſſi de quoy il ſe met en peine, relâché pour luy, ſevere pour les autres ſemblable à ceux qui ont un double poids & une double meſure, tout luy ſert pour parvenir à ſon but juſques à cette Moralle ſevere qu'il abandonne en pratique, & qu'il étale ſi ſouvent dans ſes diſcours.

Il avoit reconnu luy même dans ſa premiere Requeſte incidente, que la preuve par témoins luy eſtoit neceſſaire ; il avoit même demandé de prouver que la renonciation de l'Abbé de Boyer avoit eſté precedée de paction Simoniaque, neanmoins en Plaidant il declara ne vouloir pas inſiſter à la preuve de ce fait ; c'eſt neanmoins ce qui auroit deub ſervir de fondement à tous les autres faits par luy coarctez : car ce premier eſtant retranché tout le reſte devient inutile.

Car enfin tout cela ſe reduit à ce que le ſieur de Boyer avoit parû pauvre & ſans argent, tant à Avignon qu'à Villeneuve avant la reſignation, & que d'abord que la reſignation fut admiſe, Pazeri pere fut à Avignon, & le ſieur de Boyer eſtant retourné à Villeneuve fit paroître beaucoup de piſtoles : mais quoyque tout cela ſoit égallement ſuppoſé, neanmoins la preuve de tous ces faits eſt inadmiſſible lors qu'on les détache de la convention precedante.

En effet il faudroit neceſſairement que cette preuve renfermat celle de cette convention, ſans quoy toute autre preuve ſeroit rejetable ; c'eſt la deciſion de pleuſieurs Textes du droit Canonique ; c'eſt le ſentiment commun des Interpretes de ce Droit. Voicy comme parle Lotherius *de re benef.* Liv. 3. queſt. 29. n° 42. *primum infertur cum actus arguitur Simoniacæ labis, juſtifi-*

cari oportere conventionem sive pactionem aliquam in qua exprimatur species illa ab Ecclesia damnata affectus Simoniaci, alias impossibile est constituere crimen istud, textus sunt clari in can. studet, &c. Ce qu'il confirme par une foule d'autoritez, & il ajoûte au n° 44. qu'il est impossible qu'on commette Simonie, *saltem punibilem in foro externo absque hujusmodi pacto & conventione, atque eadem ratione exigitur in forma ipsius pacti remotio omnis æquivocationis ita ut verba sint precise promissoria non autem ambigua & curialiter potius urbaneque concepta quam inductiva alicujus obligationis ut enim eo casu non haberent vim obligandi ita nec haberent vim efformandi pactum Simoniacum pro incursu pœnæ porro sublata hac perspicuitate pacti & illius efficacia id quod post aplicationem & aquisitionem hujusmodi solvitur non causat Simoniam cum possit videri gratis solutum non præcedente aliqua taxatione cap. dilectus 30. extra de Simonia, &c.*

On a esté bien aise de raporter au long les paroles de cet Auteur qui est tres-judicieux & tres-exact, pour montrer l'exorbitance de la pretention du sieur de Gaillard ; il ne se contente pas de demander une preuve par témoins contre la maxime du Royaume : mais il voudroit encore reduire cette preuve à des faits supposez dans le fonds inutiles & équivoques, aussi il est justifié au procés que peu de temps avant la resignation, le sieur Abbé de Boyer avoit retiré 600. liv. pour les arrerages, & courant de sa portion Canonique, la premiere quittance est de 300. liv. & du 11. Avril 1695. la seconde est du 8. Iuin lors suivant, la demission est du 9. Iuillet : comment peut-on soûtenir aprés cela que le sieur de Boyer estoit à Avignon sans argent, & qu'il pareut en avoir d'abord aprés la demission : on voit assez combien pareils faits sont sujets à illusion, & puisque la Simonie est un crime tres-grave, il faut pour le moins que les preuves en soient precises & conçûës aux termes du Droit, *ad hoc ut simonia sit punibilis necessario requiri quod pecunia fuerit effectualiter soluta vel aliquid aliud pecuniæ æquivalens præstitum : & quod talis solutio vel præstatio facta fuerit in executionem pacti vel conventionis præcedentis ita ut si duo illa requisita non concurrant non sit locus pœnæ aliecui ab causam simoniæ infligendæ*, ce sont les termes de Saint Leger en ses resolutions benef. chap. 27. n° 27. ce n'est pas là une opinion relâchée de quelques Canonistes, c'est une decision constante de tous ceux qui ont parlé de ces matieres, la Rote ne suit pas d'autres regles ; c'est aussi le sentiment de Dumoulin ainsi qu'il paroit par sa Note sur le chap. *cum essent 12. extra de Simonia*, où il cite Saint Thomas & Jean Gerson, *Simonia est in dato ex promissione propter officium exibitum non in dato absque promissione ob remunerationem exibiti*, ce n'est pas que tout ce que le sieur

F

de Gaillard avance dans sa Requeste incidente ne soit un amas de suppositions: mais en retranchant la paction precedante on oste la base & le fondement de cette pretenduë Simonie.

Cela demontre que cette affaire reduite aux veritables regles est tres-facile & tres-simple : on n'a qu'à la debarrasser des reflexions du sieur de Gaillard, on voit qu'il s'en prend à tout, il tourne en obreption le stile de la Datterie; il trouve une preuve de confidence dans une expression necessaire, eu égard aux circonstances du temps auquel elle a esté faite, la moindre lueur l'éblouït : mais il n'y a qu'à éclaircir ce qu'il veut confondre, & alors on decouvre qu'il n'y a ni preuve, ni conjectures, ni commencement de preuve de cette Simonie imaginaire : & qu'ainsi le plein possessoire du Benefice ne sçauroit estre refusé au deffendeur qui en a esté canoniquement pourveu contre un devolutaire qui n'a pour titre qu'une extreme confiance à avancer les faits les plus calomnieux & les plus faux.

Conclud comme au procés & au deboutement de la derniere Requeste incidente du sieur de Gaillard.

GASTAUD.

Monsieur le Lieutenant Particulier, Commissaire.